Daniel Wittwer

Umweltaspekte im Umgang mit dem PC

GRIN Verlag

Bibliografische Information der Deutschen Nationalbibliothek:

Die Deutsche Bibliothek verzeichnet diese Publikation in der Deutschen National-
bibliografie; detaillierte bibliografische Daten sind im Internet über http://dnb.d-
nb.de/ abrufbar.

Impressum:

Copyright © 2001 GRIN Verlag GmbH
Druck und Bindung: Books on Demand GmbH, Norderstedt Germany
ISBN: 978-3-638-63714-5

GRIN - Your knowledge has value

Der GRIN Verlag publiziert seit 1998 wissenschaftliche Arbeiten von Studenten, Hochschullehrern und anderen Akademikern als eBook und gedrucktes Buch. Die Verlagswebsite www.grin.com ist die ideale Plattform zur Veröffentlichung von Hausarbeiten, Abschlussarbeiten, wissenschaftlichen Aufsätzen, Dissertationen und Fachbüchern.

Besuchen Sie uns im Internet:

http://www.grin.com/

http://www.facebook.com/grincom

http://www.twitter.com/grin_com

UMWELTASPEKTE IM UMGANG MIT DEM PC

von

Daniel Wittwer

Fünftes Semester

Datenverarbeitung III
Fachhochschule für Oekonomie und Management
Hausarbeit

12. Juni 2001

Inhalt

Einführung

Die gewaltige technische Entwicklung der letzten Jahrzehnte schreitet immer schneller voran und bringt immer neuere und leistungsstärkere Produkte auf den Markt, die einer stetig steigender Nachfrage der Konsumenten und der Industrie gegenüberstehen. Möglichst »viel Computer« zu einem geringen Preis heißt dabei die Devise. Erst das Mitte der achtziger Jahre aufkommende allgemeine Umweltbewußtsein führten zu einer kritischen Würdigung dieses Fortschritts. Es zeigte sich nämlich, daß Lebenszyklen elektronischen Geräte - besonders die der Computer und deren Komponenten - sich von mal zu mal verkürzen und die Frage nach einer angepassten, umweltgerechten Entsorgung immer mehr in den Vordergrund rückt. Vermeidung von Abfall und die Verwertung gebrauchter Produkte sind hierbei wichtige Ziele des Umweltschutzes, da mögliche Schadstoffbelastungen vermieden, Ressourcen geschont und Deponieraum eingespart werden können. Jedoch nicht nur die Entsorgung der Geräte verdient hierbei ein besonderes Augenmerk, auch das Umweltverhalten während der Produktion und im laufenden Betrieb spielt eine große Rolle: Wie sieht der Energieverbrauch aus? Wie hoch sind die Lärm- bzw. Strahlungsemissionen? Welche und wie viele Ressourcen werden für die Produktion benötigt? Fragen, die sich die Industrie neben der Abfallproblematik zu stellen hat und diese mit immer noch recht zaghaften Ansätzen versucht zu beantworten.

1. Der PC - ein Sorgenkind

Computer entwickeln sich zunehmend zu dem Standardarbeitswerkzeug in Büros und auch in privaten Haushalten. Für den Anwender erscheint dabei der PC als »sauberes Gerät«, das auf den ersten Blick außer Storm nicht sehr viel Ressourcen beansprucht. In Wirklichkeit jedoch fallen allein schon bei der Herstellung zahlreiche Abfallprodukte an, die eine starke Belastung für Mensch und Umwelt darstellen.

Wie umfangreich sich diese umwelttechnischen Aspekte erweisen, verdeutlicht recht eindrucksvoll Abbildung 1.

Abbildung 1 (*Daten: TU Berlin, Zentraleinrichtung - Kooperation*)

Augenscheinlich wird bei der Nutzung des PCs lediglich Energie verbraucht und beim »Ableben« des Gerätes Müll produziert. Aber schon bei der Produktion elektronischen Geräte werden zahlreiche Schadstoffe freigesetzt und Wasser wird stark verschmutzt; so werden im Durchschnitt 33.000 Liter Wasser belastet, um *einen* Computer herzustellen. Da PCs mit zu den komplexesten elektronischen Geräten zählen, erweist sich die Produktion als äußerst anspruchsvoll: Bis zu 4.000 verschiedene Kunststoffe, Metalle und andere Stoffe werden in den Bauteilen miteinander verbunden, dabei müssen die Rohstoffe sehr hochwertig sein, um beim späteren Einsatz höchsten Anforderungen genügen zu können.

„Halogenhaltige Flammschutzmittel, bei deren Verbrennung giftige Dioxine freigesetzt werden können, sind bei den großen Herstellern zwar weitestgehend aus den Geräten verbannt, die Ersatzstoffe sind allerdings nicht immer unproblematisch: Antimontrioxid ist als krebserregend eingestuft, Triphenylphosphat hat sich als Kontakt-Allergen herausgestellt, das auch in der Luft von Büroräumen nachzuweisen ist. Letztendlich ist auch PVC als Kabelummantelung problematisch."[1]

1.1 Das Abfallproblem

Die schnelle technische Entwicklung führt zum Ersetzen von Geräten durch solche mit höherer Leistungsfähigkeit in relativ kurzen Zeiträumen. Folglich muß eine stän-

---

[1] Vgl. Internet : TU Berlin (*www.oekoline.net*)

dig steigende Zahl gebrauchter Geräte entsorgt werden. Gleichzeitig müssen heutige PCs immer schneller und immer besser arbeiten - funktionieren sollen die Geräte. Die wesentlichen Kriterien zur Auswahl der eingesetzten Werkstoffe sind ihre technische Eignung, die Kosten, sowie eine unkomplizierte Verarbeitung. Inwieweit diese Materialien nach Ablauf der Nutzungsdauer der elektrischen Geräte negative Auswirkungen auf Mensch und Umwelt haben könnten, wurde bislang kaum hinterfragt. Mittlerweile wachsen jedoch die Müllberge, Sickerwasser aus den Deponien belasten das Grundwasser - die im Elektronikschrott enthaltenen Schadstoffe sorgen auf den Deponien und Müllverbrennungsanlagen für Probleme. Sie stellen zum einen bei einer Freisetzung eine Gefahr für die Umwelt dar, zum anderen können sie bei unsachgemäßer Gerätedemontierung eine Gefährdung der bearbeitenden Personen bewirken. Beispiele sind quecksilberhaltige Schalter, PCB-haltige Kondensatoren und verschiedene Batteriearten. Auch die Leuchtstoffbeschichtung in Bildröhren kann umweltschädliche Stoffe enthalten, Kunststoffen können schwermetallen bzw. halogenhaltigen Additive (*Zusatzstoffe*) zugesetzt sein[2].

Gleichzeitig enthält der Müll aber auch einen hohen Anteil an recycelbaren Stoffen, die im Abfall eigentlich nichts zu suchen haben. 1998 fielen europaweit sechs Millionen Tonnen Elektro- u. Elektronikaltgeräte an. Das entspricht vier Prozent der kommunalen Abfälle. Stimmen die Prognosen der EU, so wird die Menge des Elektronikschrotts Jahr für Jahr um drei bis fünf Prozent steigen. Dabei macht der Anteil der Haushaltsgeräte den größten Teil aus. Der Rest verteilt sich wie in Abbildung zwei dargestellt auf die Unterhaltungselektronik und die Industrieelektronik. Auch die EDV und Informationstechnik ist etwas mehr als 110.000 Tonnen jährlich ein nicht zu unterschätzender Bereich des Abfallaufkommens. Bis heute wird der größte Teil des Elektronikschrotts auf Deponien gelagert, verbrannt oder ohne Vorbehandlung als Metallschrott verwertet[3] - neben Kunststoffen und (*Schwer-*) Metallen als Rohstoffe landen damit auch mehrere tausend Kilogramm Gold und Silber auf dem Müll oder in der Verbrennung[4]. In einer Studie wurde getestet, inwieweit Anbieter von PC-Systemen (*u.a. Apple, IBM, Siemens*) Rücknahme von Altgeräten anbieten. Auffallend war, daß lediglich 12 Anbieter (*23%*) von insgesamt 52 einen derartigen

---

[2] Vgl. Recycling von Elektro- und Elektronikschrott, Markus Schlögl, 08/1995, S. 18
[3] Vgl. c't 12/2001, S. 88
[4] Vgl. Internet: (*www.oekoline.net/pcstudie/computer220800.htm*)

Service anboten, teilweise jedoch nur in Verbindung mit Entsorgungsgebühren, die vom Verbraucher zu entrichten sind oder mit der Bedingung zum Erwerb eines Neugerätes des Herstellers.[5]

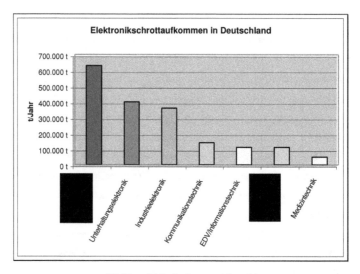

Abbildung 2 (*Quelle: bvse, www.bvse.de*)

1.2 Elektronikschrott-Richtlinie[6]

Das Ziel einer sinnvollen Entsorgungspolitik erscheint einleuchtend:

Kein Gift auf Hausmülldeponien oder in Verbrennungsanlagen und keine unnötige Verschwendung von Ressourcen. Müllentsorgung hat sich zu einem komplizierten und kostenspieligen Nebeneffekt entwickelt, der die Wirtschaft und die Politiker zum Umdenken stimmt. Und das passierte auch, jedoch in kleinen Schritten:

1998 brachte die damalige Regierung die Rücknahmeverordnung der IT-Industrie (*ITV*) durch den Bundestag, sie scheiterte jedoch kurze Zeit später am Bundesrat. Die neue rot-grüne Regierung wollte die Regelung wieder ausweiten auf eine generelle Elektro-Altgeräteverordnung (*EAV*), die auch die so genannte »weiße« (=*Haushaltsgeräte*) und »braune« (=*Unterhaltungselektronik*) Ware miteinbezogen

---

[5] Umfrage der Verbraucher-Zentrale NRW 6/1999, ergänzt 9/1999
[6] Vgl. c't, 12/2001, Angela Meyer, „Hightech Schrotthandel", S. 89

hätte. Auch dieser Anlauf scheiterte. Vor allem rechtliche Bedenken führten dazu, daß sich die Beratungen weiter verzögerten.

Im Juni 2000 legte die EU-Kommission eine Richtlinie zu Entsorgung elektrischer und elektronischer Altgeräte vor, die eine möglichst weitgehende Verwertung der Altgeräte vorsah. Die Richtlinie verlangt den Ersatz der Schwermetalle Blei, Quecksilber, Cadmium und sechswertigem Chrom, sowie der als Flammhemmer eingesetzten organischen Substanzen polybromiertes Biphenyl (*PBB*) und polybromierte Diphenylether (*PBDE*), um den Schadstoffgehalt der Geräte in Zukunft weiter zu senken, so daß das Recycling erleichtert und die Ablagerung der Verwertungsreste unproblematisch ist. Neben diesen neuen Vorgaben, sieht die Verordnung weitergehend vor, die „geteilte Verantwortung" einzuführen, also die Hersteller nach einer öffentlich organisierten Sammlung für ein möglichst weitgehendes Recycling und einer umweltschonenden Entsorgung der Altgeräte verantwortlich zu machen.

Die Kosten für die Umsetzung sollen die Hersteller in die Verkaufspreise mit einrechnen. Die EU rechnet deshalb mit Aufschlägen von ein bis drei Prozent.

Das Ziel ist klar: Je recyclinggerechter ein Unternehmen seine Produkte konstruiert, umso geringer fällt der Aufschlag für die Entsorgung aus. Über diesen Wettbewerbsvorteil soll der Anreiz geschaffen werden, die Produktentwicklung entsprechend zu verändern.

Jedoch sind die zeitlichen Korridore zur Umsetzung der Verordnung eng gefaßt - 18 Monate haben die Mitgliedstaaten Zeit für die Umsetzung in nationales Recht, weitere 12 Monate danach müssen die Sammelsysteme stehen. Das bedeutet für den Konsumenten, daß Geräte, die ab 2004 gekauft werden, kostenlos abgegeben werden können, da hierauf ja bereits der »Entsorgungsaufschlag« im Kaufpreis verrechnet ist. Fraglich ist derzeit jedoch noch, wie mit den Geräten zu verfahren ist, die vor 2004 gekauft wurden. Bislang haben die Kommunen diese Aufgabe übernommen, wobei es dabei keine eindeutige Regelung gab, die festlegt, wer für die Entsorgungskosten aufkommt: mal zahlen alle Bürger über die Müllgebühren, mal zahlen die Letztbesitzer bei Abholung oder Anlieferung auf dem Recyclinghof eine Gebühr oder es gibt eine Mischkalkulation. Fraglich ist auch, ob man Unterscheidung zwischen privatem und gewerblichen Elektronikschrott einführen soll: Privatkunden nutzen ihre Geräte länger als Geschäftskunden. Das relativ hohe Alter dieser Geräte bedeutet, daß nur wenig Recyclinggerechtes ankommt: untrennbare Materialverbunde, problematische Inhaltsstoffe sind in größerem Maße vorhanden als bei vorbildlichen Neugeräten, während Kennzeichnungen, die eine sortenreine Sortierung erst ermöglichen, in der Regel fehlen.

Fragen, die bis spätestens Ende 2004 geklärt sein müssen, zehn Jahre nachdem die Notwendigkeit erkannt wurde.

1.3 Lösungsansätze[7]

Verglichen mit anderen Stoffen, ist auch beim Elektronikschrottrecycling eine Rangfolge der Maßnahmen einzuhalten, wie sie in Abbildung drei verdeutlicht wird. Im Vordergrund steht die **Vermeidung** des Schrottaufkommens. Die **Wiederverwendung** zielt darauf hin, möglichst gesamte Geräte, aber auch einzelne Baugruppen oder Bauteile wieder zum Einsatz zu bringen. Unter **Weiterverwendung** versteht man den Prozeß, gebrauchte Geräte oder deren Einzelteile für meist geringwertigere Aufgaben einzusetzen. Besteht selbst diese Möglichkeit nicht, so werden die Geräte der stofflichen Verwertung - der **Wiederverwertung** zugeführt. Der Elektronikschrott wird in einer Weise aufgearbeitet, die eine erneute Herstellung des gleichen Produkts aus den Materialien des Altgeräts ermöglicht. Bei der Weiterverwertung spricht man auch vom »Downcycling«, da hier ähnlich wie bei der **Wiederverwertung** Rohstoffe den Altgeräten entnommen werden, jedoch für andere, geringwertigere Güter genutzt werden. Besteht keine Recyclingmöglichkeit, so werden die Geräte **thermisch verwertet**, also verbrannt, um aus der dabei freiwerdenden Energie zum Beispiel Energie oder Fernwärme zu erzeugen. Ist eine Verbrennung aufgrund von zu hohen Schadstoffkonzentrationen oder zu geringen Brennwerten nicht möglich, so verbleibt in manchen Fällen als **Entsorgung** nur noch die Deponierung der Reststoffe.

---

[7] Vgl. Recycling von Elektro- und Elektronikschrott, Markus Schlögl, 08/1995, S. 19 u. 20

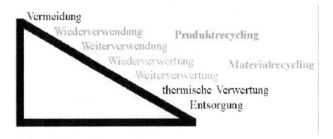

Abbildung 3 (*Rangfolge möglicher Maßnahmen*), **Vgl.: Recycling, Markus Schlögl**

2. Richtlinien und Prüfsiegel

Prüfsiegel sind Qualitätshinweise, die es dem Verbraucher ermöglichen sollen, Informationen über Gütestandards der Geräte schnell zu erkennen. Dies kann zum Beispiel die Umweltverträglichkeit eines Gerätes sein, dessen Strahlungsintensität oder die Ergonomie. Da es eine kaum überschaubare Vielzahl von Siegel gibt sind hier nun die wichtigsten zusammengefaßt[8]:

2.1 Allgemeine Richtlinie für den PC

- **Energie-Star**

  Der Energy-Star bescheinigt den Geräten, daß sie die Stromsparkriterien der amerikanischen Umweltschutzbehörde EPA (*Environmental Protection Agency*) erfüllen. Demnach muß sich ein eingeschaltetes Gerät nach einiger Zeit selbständig zurückschalten. Die Prozessorleistung wird heruntergefahren und die Festplatte abgeschaltet. In diesem „Stand-by-Modus" darf der Stromverbrauch 30 Watt nicht übersteigen. Den Energy-Star kann sich jeder Hersteller aufkleben, der glaubt, daß sein Gerät diesen Standard erfüllt. Es genügt eine Mitteilung an die EPA. Eine Prüfung erfolgt nicht.

---

[8] Vgl. Internet: (*www.sozialnetz-hessen.de/ergo-online/Arbeitsplatz/Hardware/G_Pruef-s.htm*)

2.2 Richtlinien für den Bildschirm

- **MPR II** (*Bildschirmstrahlung*)

Bildschirmstrahlung MPR II umfaßt Grenzwerte, die sich auf die elektromagnetischen und elektrostatischen Felder von Monitoren beziehen. Sie werden in einem Abstand von 50 cm vor dem Bildschirm gemessen. Die Norm, die dem Prüfsiegel zugrunde liegt, folgt dem Grundsatz, daß bislang die Ungefährlichkeit von Bildschirmstrahlung noch nicht nachgewiesen ist und deshalb das technisch Machbare zu ihrer Reduzierung unternommen gehört.Vergabe und Kontrolle MPR II wurde vom schwedischen staatlichen Meß- und Prüfrat, ein Institut der schwedischen Regierung, als Empfehlung für Grenzwerte herausgegeben. Sie hat sich inzwischen in der Bundesrepublik Deutschland als Mindeststandard durchgesetzt. Eine Kontrollbehörde gibt es nicht. Jeder Hersteller, der meint die MPR II zu erfüllen, kann das Label an den Geräten anbringen.

- **TCO 92**

ist ein Siegel, das MPR II erweitert. Die Strahlung wird bereits in einer Entfernung von 30 cm und rund um das Gerät herum gemessen. Zudem gelten strengere Grenzwerte und eine Energiesparnorm, wodurch sich der Monitor in Ruhephasen automatisch abschaltet. Der schwedische Gewerkschaftsbund TCO, die Zentralorganisation für Angestellte und Beamte, hat diese Norm entwickelt, weil ihm die Anforderungen der MPR II nicht weit genug gingen. Das Logo wird an alle Anbieter vergeben, die glaubhaft versichern, den Kriterien gerecht zu werden. TCO behält sich stichprobenartige Kontrollen vor. Kritiker wie der TÜV-Rheinland bemängeln beispielsweise, daß die Grenzwerte zu niedrig angesetzt seien. Sie würden bereits durch die am Arbeitsplatz ohnehin vorhandenen Emissionen etwa durch Stromleitungen oder Lampen überschritten.

- **TCO 95**

stellt eine Erweiterung von TCO 92 dar. Es bewertet nicht nur Bildschirme, sondern auch Rechner und Tastaturen. Bei der Strahlenemission folgt es den Grenzwerten von TCO 92. Auch die Energiesparvorgaben der Vorgängerin

werden übernommen. Zusätzlich berücksichtigt das neue Prüfsiegel ergono-
mische Eigenschaften und orientiert sich dabei an der DIN EN ISO 9241-3.
Bei Monitoren wird beispielsweise auf Kriterien wie Helligkeit, Kontrast,
Bildstabilität, Qualität der Zeichendarstellung und so weiter geachtet. TCO 95
fordert auch Umweltverträglichkeit: Zur Schadstoffvermeidung soll die Bild-
röhre frei von Cadmium sein. Tabu sind unter anderem alle chlor- und brom-
haltigen Flammschutzmittel, Schwermetalle und PVC. Als einziges Umwelt-
label schreibt es bereits für die Produktion vor, daß keine
Fluorchlorkohlenwasserstoffe und chlorierte Lösungsmittel eingesetzt werden. Auch Flachbildschirme und Notebooks können das Siegel bekommen.

- **TCO 99**

der Nachfolger der beiden erfolgreichen Ergonomie- und Umweltgütesiegel
TCO92 und TCO99, mit denen bereits mehr als 2.000 Bildschirmtypen
ausgezeichnet wurden. Jetzt sind in Deutschland die ersten gemäß TCO 99
zertifizierten Geräte im Handel erhältlich. Die Gütesiegel des Dachverbandes
der schwedischen Angestelltengewerkschaften TCO haben sich international
durchgesetzt, sowohl bei Anwendern als auch bei Herstellern. Sie entlasten
den Käufer eines Gerätes von den Details ergonomischer Anforderungen, be-
einflussen in beträchtlichem Maße die technische Entwicklung, besonders bei
Bildschirmen und haben sich als wichtiges Verkaufsargument etabliert. TCO
99 stellt wie sein Vorgänger TCO 95 Anforderungen hinsichtlich Ergonomie,
Energieverbrauch, Emissionen (*Strahlung*) und Ökologie. Die von TCO 95
gesetzten Standards werden dabei entsprechend dem Stand von Technik, Ar-
beitsmedizin und Arbeitswissenschaft zum Vorteil von Anwendern und Umwelt weiter verschärft und ergänzt. Die neuen Anforderungen beziehen sich
unter anderem auf die Ergonomie, die Strahlungsintensität. Wichtig in diesem
Zusammenhang sind die Vorgaben bezüglich des Energieverbrauchs und der
Ökologie[9]:

- Energieverbrauch im „Stand-by-Modus" maximal 15 Watt, im abge-
  schalteten Zustand maximal fünf Watt

---

[9] Vgl. Internet: (*www.sozialnetz-hessen.de/ergo-online/Arbeitsplatz/Hardware/TCO-99.htm*)

- Rückkehrzeiten nach „Stand-by-Modus" maximal drei Sekunden für Bildschirme, maximal fünf Sekunden für Systemeinheiten
- Dem Gerät muß eine Deklaration bezüglich des Energieverbrauchs in allen Betriebsarten beigefügt sein. Ebenso eine Bedienungsanleitung in Landessprache, wie der Energiesparmodus zu aktivieren ist
- Es sollen nur wenige Kunststoffarten verwandt und diese nicht in einzelnen Bauteilen (*ab 100 g Gewicht*) vermischt werden. Alle Kunststoffarten (*einschließlich Angaben zur Verwendung von Flammschutzmitteln*) müssen deklariert werden
- Keine Metallisierung von Kunststoffgehäusen an der Innen- und Außenseite
- Hersteller müssen mindestens einen Vertrag mit einem Recyclingunternehmen für Elektronikschrott abgeschlossenen haben

2.3 Richtlinien für den Drucker

Neben den Anforderungen für einen PC und dem Monitor, muß auch der Drucker gewisse Voraussetzungen erfüllen. Dabei sind folgende Grundgedanken ausschlaggebend: in einem Büro soll geistige Arbeit erbracht werden, die nicht durch einen Drucker gestört werden soll. Dieser sollte leise, wenig Staub und kein Ozon produzieren. Darüber hinaus ist es sinnvoll, energiesparende, wartungs- und verbrauchsarme Geräte einzusetzen, die von der Vorderseite bedienbar sind (*Ein-/Ausschalter, Papiereinzug*) und ein reflexionsarmes, helles Gehäuse besitzen. Da es jedoch eine Vielzahl verschiedener Druckerarten gibt, wird hier kurz auf die wichtigsten Punkte gebräuchlicher Druckerarten eingegangen[10]:

- **Laserdrucker**

  Wer hohe Ansprüche an die Druckqualität und −geschwindigkeit stellt, schafft sich in der Regel einen Laserdrucker an. Die Geräte arbeiten verhältnismäßig **leise**. Während des Druckvorgangs entsteht jedoch **Ozon**. Ozon ist ein Gefahrstoff und kann die Atemwege reizen. Deshalb sollten die Geräte mit einem Ozonfilter ausgestattet sein. Die Filter sind regelmäßig zu warten und zu entsorgen. Beim Kauf ist darauf zu achten, nach wie viel Betriebs-

---

[10] Vgl. Internet: (*www.sozialnetz-hessen.de/ergo-online/Arbeitsplatz/Hardware/G_Drucker.htm*)

stunden der Filter auszutauschen ist. Inzwischen liegen bei vielen neuen Druckermodellen die Ozonemissionen unterhalb der Nachweisgrenze. Laserdrucker haben einen **hohen Energieverbrauch**. Bereits im Standby-Betrieb benötigt ein durchschnittlicher Laser gleich viel Energie wie ein »arbeitender« Computer. Im Druckbetrieb verdreifacht sich dieser Wert. Dadurch gibt der Drucker auch viel Wärme ab und heizt das Raumklima auf (*wie etwa 8-10 Personen*). Bei täglichem Dauerbetrieb sollte das Gerät in einem separaten, gut belüftbaren Raum stehen. So läßt sich auch die Belastung durch **Staub** (*Tonerpartikel*) und **Lärm** vermindern.

- **LED-Drucker** (*Luminated Emission Diod*)

  Neuer auf dem Markt sind LED-Drucker. Auch sie verfügen über eine hohe Druckqualität und bedrucken schnell größere Papiermengen. Bei dieser Technik übernimmt eine mit LEDs besetzte Schiene über der Trommel die Aufgabe des Laserstrahls. Es gibt weniger bewegliche Teile. Im Unterschied zu Laserdruckern gelten deshalb diese Drucker als **weniger reparaturanfällig**. Die Trommel braucht während der gesamten Lebensdauer des Gerätes nicht ausgewechselt werden. Als einziges Verbrauchsmaterial fällt damit Toner an. Die höheren Anschaffungskosten lassen sich durch die Einsparung von teurem Verbrauchsmaterial amortisieren. Auch geben LED-Drucker **weniger Ozon** ab als Laserdrucker mit Ozonfilter.

- **Tintenstrahldrucker**

  Tintenstrahldrucker verwenden zumeist **ungiftige, wasserlösliche Tinte**. Die Geräte sind kostengünstig, verbrauchen **wenig Energie** und ihr **Lärmpegel ist gering**. Zur weiteren Lärmminderung können noch schallisolierende Unterlagen benutzt werden. Die Druckqualität hängt von der Düsenanzahl ab. Geräte mit 24 Düsen und mehr erreichen Druckergebnisse, die nahe an die Qualität von Laserdruckern heranreichen. Inzwischen gibt es auch Geräte mit dauerhaftem Druckkopf, so daß nur die Tinte nachgefüllt werden muß. Dies bedeutet **weniger Abfall**. Tintenstrahldrucker drucken **nicht sehr schnell**, was ungünstig sein kann, wenn mit großen Papiermengen gearbeitet wird.

- **Matrixdrucker**

Spitzenreiter bei der **Lärmentwicklung** sind die Matrixdrucker, die ebenfalls mit Tinte arbeiten. Sie verursachen auch besonders **viel Staub**, der durch Papierabrieb entsteht. Lärmende Matrixdrucker sollten in einem separaten Technikraum stehen. Wenn das nicht möglich ist, empfiehlt es sich, sie mit einer Schallschutzhaube auszustatten. Auch die Einstellung von Anschlagkraft und Walze kann die Geräuschentwicklung mindern. Was der Matrixdrucker den anderen Druckern voraus hat, ist die Möglichkeit Durchschläge zu erstellen. Außerdem ist es die billigste Druckart.

2.4 Der blaue Umweltengel

Um eine umweltbewußte Entscheidungsfindung beim Kauf eines neuen PCs zu unterstützen wurde 1977 das Umweltzeichen von den für Umweltschutz zuständigen Bundesministerium und der Landesministerien geschaffen. „Mit dem blauen Umweltengel können solche Produkte gekennzeichnet werden, die im Vergleich zu anderen Produkten mit demselben Gebrauchszweck – also relativ gesehen – als besonders umweltfreundlich gekennzeichnet werden können."[11]

Verliehen wird das Zeichen insbesondere Produkten, die besonders lärm- oder emissionsarm sind, Abfall vermindern oder Abwässer entlasten, schädliche Inhaltsstoffe reduzieren oder ganz vermeiden oder das Recycling fördern.

Die Auszeichnung wird von einer dafür bestimmten Jury des Umweltbundesamtes in Berlin vergeben.

2.4.1 Anforderungen

Speziell auf den PC-Bereich bezogen greifen die Auszeichnungen »RAL-ZU 78« (*Arbeitsplatz-Computer*) und »RAL-ZU 93« (*tragbare Computer*). Zusammenfassend kann man folgende umwelttechnischen Anforderungen, bzw. Nachweise aufführen[12] (*bei Arbeitsplatz-Computern besteht eine »Steuereinheit« aus dem Rechner, Tastatur und Monitor*):

---

[11] Produktanforderungen, (*dt. Institut f. Gütersicherung und Kennzeichnung e.V.*), S. 5
[12] Auszugsweise aus Produktanforderungen, (*dt. Institut f. Gütersicherung und Kennzeichnung e.V.*)

- Langlebigkeit der Geräte
  - Die Steuereinheit muß modular aufgebaut sein und den Benutzer ohne Verwendung von Spezialwerkzeugen gestatten sein (*zum Beispiel Steckverbindungen*)
  - Das Gerät muß so aufgebaut sein, daß eine Erweiterung der Leistungsfähigkeit mindestens für folgende Zwecke möglich ist:
    - Aufrüsten zu höherer Prozessorleistung (*optional*)
    - Erweiterung der Kapazität des Arbeitsspeichers
    - Aufrüsten des externen CPU-Caches (*optional*)
    - Einbau, Austausch, Erweiterung oder Anschluß eines Massenspeichers
    - Aufrüsten der Grafikfähigkeit (*optional*)
    - Vorrichtung für mindestens einen freien Steckplatz
      Die eingebauten Speichermedien des Systems müssen im Sinne des modularen Aufbaus ausgetauscht werden können.
  - Der Hersteller muß eine Garantieleistung für das Gerät für drei Jahre gewähren.
  - Der Antragsteller (*hier also der Hersteller*) verpflichtet sich dafür zu sorgen, daß für die Reparatur der Geräte die Ersatzteilversorgung für mindestens fünf Jahre ab Produktionseinstellung sichergestellt ist. Unter Ersatzteilen sind solche Teile zu verstehen, die typischerweise im Rahmen der üblichen Nutzung eines Produktes ausfallen können. Andere, regelmäßig die Lebensdauer des Produktes überdauernde Teile dagegen, sind nicht als Ersatzteile anzusehen.
  - Die Produktunterlagen müssen Informationen über die in den oben genannten Punkten enthalten. [...]
- Der Antragsteller verpflichtet sich, seine Geräte mit dem Umweltzeichen nach deren Gebrauch zurückzunehmen, um diese einer Wiederverwendung oder werkstofflichen Verwendung zuzuführen. Nicht verwertbare Geräteteile sind umweltverträglich zu beseitigen. Die Umweltzeichen-Geräte müssen in einem Zustand zurückgegeben werden, der dem bestimmungsgemäßen

Gebrauch entspricht. Die Rücknahme des Gerätes erfolgt durch die vom Antragsteller (*hier also die Hersteller oder Händler*) benannte Annahmestelle. Die vom Antragsteller benannten Annahmestellen müssen sich in Deutschland befinden. Die Produktunterlagen des Gerätes müssen Informationen über die Rückgabemöglichkeiten enthalten.

- Die Geräte müssen die Prinzipien der VDI-Richtlinie 2243 „Konstruieren recyclinggerechter technischer Produkte" auf der Basis von Merkmalen erfüllen, die der Checkliste „Recyclinggerechter Konstruktionen" zu entnehmen sind, und die der Hersteller unter Berücksichtigung der vorgesehenen Verfahren zur Wiederverwendung und stofflichen Verwertung festgelegt hat. Zu solchen Merkmalen gehören u.a.
    - Vermeidung nicht lösbarer Verbindungen [...]
    - Vermeidung von Beschichtungen und Verbundmaterialien
    - Einfache Demontierbarkeit der Geräte und Baugruppen, auch für Zwecke einer einfachen Reparatur
    - Verringerung der Werkstoffvielfalt

- Aus Kunststoffen hergestellte, großformatige Gehäuseteile müssen aus einem Homo- oder Copolymer bestehen. Polymerblends (*Polymerlegierungen*) sind zugelassen. Polymerblends sind spezielle Mischungen von zwei oder mehr Kunststoffen, die verbesserte Eigenschaften gegenüber den enthaltenen reinen Kunststoffen aufweisen. Die Kunststoffgehäuse dürfen aus höchsten zwei von einander trennbaren Polymeren oder Polymerblends bestehen. Die aus Kunststoffen hergestellten, großformatige Gehäuseteile müssen so gestaltet sein, daß die eingesetzten Kunststoffe auf der Basis vorhandener Technologien für die Herstellung hochwertiger, langlebiger Kunststoffprodukte wiederverwertet werden können.

- Für die Gehäuse dürfen keine Stoffe verwendet werden, die dioxin- oder furanbildend wirken können. Daher sind halogenhaltige Polymer und Zusätze von halogenorganischen Verbindungen – insbesondere als Flammschutzmittel – nicht zulässig. [...]

16

- Kunststoffe müssen entsprechend DIN ISO 11 469 gekennzeichnet werden. Hiervon ausgenommen sind Teile, die weniger als 25g wiegen oder die über weniger als 200 mm² eben Fläche verfügen.

- Das Gerät darf bei Lärmmessungen im Leerlauf nicht mehr als 48 dB(A) betragen. Bei anderen Betriebszuständen (*Zugriff auf Diskette oder Festplatte*) dürfen diese Werte (L_{WAd}) 5 dB(A) nicht überschreiten. Diese Messungen werden entsprechend DIN EN 27 779 durchgeführt.

- Der Antragsteller verpflichtet sich, in den Produktunterlagen darauf hinzuweisen, daß alle Batterien grundsätzlich dem dafür vorgesehenen Rücknahmesystem zuzuführen zu sind und nicht mit dem Hausmüll entsorgt werden dürfen. Darüber hinaus müssen die Produktunterlagen die notwendigen Informationen und Hinweise über die Rücknahmemöglichkeiten enthalten. Die Batterien dürfen nicht die Schwermetalle Cadmium, Blei oder Quecksilber enthalten. Ausgenommen hiervon sind technisch unvermeidbare Verunreinigungen. Diese dürfen die in der EU-Batterierichtlinie (*91/157/EWG*), in der jeweils gültigen Fassung genannten Grenzwerte nicht überschreiten.

  Steuereinheiten und Monitore müssen als besonderen Betriebszustand einen speziellen, energiesparenden Ruhezustand (*Sleep-Mode*) besitzen. Dieser Zustand wird selbständig aktiviert. Darüber hinaus müssen Monitore über einen weitgehenden zweiten Ruhezustand verfügen (*low-Power „Sleep-Mode"*). Die Leistungsaufnahme der Geräte darf in diesen Betriebszuständen die folgenden Werte nicht überschreiten[13]:

Steuereinheiten:

Maximale Anschlußleistung	Maximale Leistungsaufnahme im energie-sparenden Ruhezustand (*Sleep-Mode*)	Aktivierungszeit für den Ruhezustand
≤ 200 Watt	≤30 Watt	15 - 30 Minuten
> 200 Watt	≤15% der maximalen Anschlußleistung	15 - 60 Minuten

---

[13] Vgl. auch US EPA (*Hg.*): Energy Star Office Equipment Programm. Computer and Monitor Specifications, Ausgabe 12/97

Monitor

	Maximale Leistungsaufnahme	Aktivierungszeit für den ener-giesparenden Ruhezustand
1. Energiesparender Ruhezustand »Sleep Mode«	≤ 30 Watt	< 30 Minuten
2. Energiesparender Ruhezustand »Deep Sleep Mode«	≤ 5 Watt	< 60 Minuten

Die Leistungsaufnahme ist zu messen entsprechend dem Energy Star Office Equipment Programm der US EPA[7].

Steuereinheiten und Monitor müssen über einen Ein- und Ausschalter verfügen. Die Leistungsaufnahme im Zustand »Aus« darf bei Monitor und Steuereinheit nicht mehr als ein Watt betragen. Sofern die Steuereinheit im Zustand »Aus« eine weitere Funktion erfüllen muß (zum Beispiel Kommunikationsfähigkeit des Gerätes -> WOL/WOM), ist eine Leistungsaufnahme von maximal fünf Watt zugelassen.

Es muß möglich sein, ein Gerät über einen längeren Zeitraum (*mindestens vier Wochen*) vom Netz zu trennen, ohne daß die Funktionsfähigkeit des Gerätes dabei Schaden nimmt[...].

Der Antragsteller hat in der Bedienungsanleitung über die Höhe der Leistungsaufnahme der Steuereinheit im Betriebszustand »Aus« ausführlich zu informieren und darauf hinzuweisen, daß dieser Energieverbrauch nur durch Trennung vom Netz verhindert werden kann.

In der Bedienungsanleitung werden die maximale Leistungsaufnahme im Arbeitszustand (*d.h. der Verbrauch ohne laufende Eingabe oder Ausgabeprozesse*) und die Leistungsaufnahme in den beiden Ruhezuständen angegeben.

- Die für die Verpackung verwendeten Kunststoffe dürfen keine halogenhaltigen Polymere enthalten.
- Die zu den Geräten mitgelieferte schriftliche Dokumentation muß auf chlorfrei gebleichtem Papier (*Frischfaser oder Altpapier*) gedruckt sein.

2.4.2 Auszug aus dem Verzeichnis der Anwender

Zu den Herstellern, deren Produkte den blauen Umweltengel erhalten haben gehören beispielsweise:

- Dell Computer (Pentium-III mit 450, 500, 533 Mhz)
- Hewlett-Packard (19 Zoll Monitor HP D8910)
- Fujitsu-Siemens (Scenic 8-Serie, Pentium-III bis 733 Mhz)

Für den Bereich »RAL-ZU 93« (tragbare Computer) erfüllte keiner der Hersteller die geforderten Voraussetzungen.

3. Energieverwaltungsfunktionen

Mit fortschreitender Leistungsfähigkeit der aktuellen Prozessorgenerationen bedarf es einer ausgedachten Energiespartechnologie, da PCs und deren Peripherie einen teilweise nicht zu unterschätzenden Energieverbrauch haben. Verdeutlicht wird das ganze an einem Feldversuch zweier PC-Systeme, deren Daten mit Hilfe eines handelsüblichen Strommeßgerätes die in Tabelle 1 eingetragen wurden. Das neueste System, ein PC mit übertakteten AMD 1,4 GHz-Prozessor verbraucht in der Summe stolze 240 Watt im Dauerbetrieb - zum Vergleich: eine leuchtstarke Glühfadenlampe benötigt gerade mal 60 Watt. Das bedeutet, daß man mit der Energie, die ein solcher PC verbraucht, problemlos vier Zimmer beleuchten könnte.

	Intel Celeron 1 Ghz	AMD 1.4 Ghz Athlon Thunderbird
Ausgeschaltet	3 Watt	2 Watt
Standby-Mode	55 Watt (*Suspend to Disk*)	3 Watt (*Suspend to RAM*)
Betrieb (*Idle*)	88 Watt	140 Watt
Betrieb (*Last*)	115-125 Watt	160 Watt
Monitor	15"	19"
Standby	2 Watt	4 Watt
Betrieb	63 Watt	82 Watt
Summe (*Normalbetrieb*)	178 bis 188 Watt	222 bis 242 Watt

Tabelle 1 (*Meßdaten der Versuchsanordnung*)

Leider nur aus Performance-Gründen ist derzeit das Hauptaugenmerk der Industrie stark auf den Notebooksektor gerichtet, da es hier darum geht, eine möglichst lange

Akkulaufzeit zu ermöglichen. Aber auch im Desktop-PC-Bereich tut sich allmählich etwas, die folgenden Punkte sollen diese beiden Bereiche kurz zusammenfassen:

3.1 APM und ACPI

Mit Hilfe des Advanced Power Management (*APM*), das hardwareseitig durch das BIOS des Motherboards gesteuert wird, ist es möglich, stromsparende Mechanismen betriebssystemunabhängig auszuführen. So können neben vorgegebenen Default-Einstellungen der Hersteller auch benutzerspezifische Vorgaben ausgewählt werden. Einstellbar hierbei sind beispielsweise die Zeiträume, zu denen die Festplatte, der Monitor oder der PC als ganzes System in einen Sleep-Mode gehen, wenn für eine gewisse Zeit keine Eingaben mehr erfolgen (*Tastaturanschläge oder Mausbewegung*).

Das Advanced Configuration and Power Interface (*ACPI*) umgeht die Funktionen des APM und wird durch das Betriebssystem (*zum Beispiel Win98 oder Win2000*) gesteuert. Voraussetzung hierfür ist ein ACPI-fähiger Chipsatz, der in Kommunikation mit dem Betriebssystem stehen muß. Unterscheidbar sind hierbei zwei Methoden:

- Suspend to Disk und

- Suspend to RAM.

Bei der „Suspend to Disk"-Methode wird ein Speicherabbild des aktuellen Zustands des Arbeitsbereichs (*System-Status, Speicherinhalt und Bildschirmdarstellung*) hergestellt und auf die Festplatte geschrieben. Ist dies erfolgt, so wechselt der PC in den ausgeschalteten Modus. Beim nächsten Boot-Vorgang werden die Daten von der Festplatte wieder zurück in den Speicher geschrieben und der Anwender kann innerhalb kürzester Zeit genau an der Stelle seine Arbeit fortsetzen, an der er vor dem Herunterfahren aufgehört hat, ohne die gesamte Bootphase des Betriebssystems mitzumachen. Die größer der erzeugten Datei auf der Festplatte richtet sich analog nach der Kapazität des Arbeitsspeichers.

Ähnlich wie bei dem „Suspend to Disk"-Betrieb wird auch beim „Suspend to RAM" der aktuelle Zustand des Systems in den Speicher geschrieben, das System beendet seinen Betrieb. Dabei wird die Stromversorgung der Peripherie unterbrochen, lediglich der Arbeitsspeicher bleibt an einer »Backup-Spannung« von drei Volt angeschlossen, um die Daten zu sichern. Der Vorteil diese Verfahrens gegenüber dem

Disk-Verfahren liegt in seiner kurzen Sicherungs- und Bootzeit, da Zugriffszeiten bei RAM-Bausteinen um ein vielfaches schneller möglich sind als bei Schreib- und Lesevorgängen auf Festplatten.

3.2 SpeedStep-Technologie von Intel

Obwohl die Taktraten bei den Notebook-Prozessoren in den letzten Jahren beinahe explosionsartig von 120 MHz auf über 600 MHz und mehr hochgeschnellt sind, lassen sich Desktop-CPUs immer noch ein gutes Stück höher takten als Notebook-Prozessoren. Einfach weil der Energieverbrauch bei Desktop-PCs keine große Rolle spielt, während die 25 bis 30 Watt elektrischer Leistung, die die schnellsten Desktop-CPUs typischerweise konsumieren, der Batterie eines Notebooks arg strapazieren und der Mobilität damit Grenzen setzen. Oft genug werden aber auch Notebooks an der Steckdose betrieben, so daß eigentlich genügend elektrische Leistung auf für die schnellsten Prozessoren bereitsteht. Das Problem ist nur, daß sich Prozessoren bislang nicht so einfach hinsichtlich Taktfrequenz und Stromverbrauch umschalten ließen[14]. Genau hier setzt Intel mit den neuen SpeedStep-Prozessoren an, die automatisch erkennt, ob das Notebook im Batteriebetrieb läuft oder an das Stromnetz angeschlossen ist. Im Batteriebetrieb reduziert die Intel SpeedStep Technologie die Taktfrequenz und Betriebsspannung des Prozessors, wodurch eine Reduzierung der maximalen Taktfrequenz bei 600 bzw. 650 MHz auf rund 450 MHz heruntergeschaltet wird. Weil der geringere Takt auch weniger Energie verlangt, kann die Versorgungsspannung des Prozessors gleichzeitig von 1,6V auf 1,35V gesenkt werden. Die Leistungsaufnahme sinkt dabei von rund 15 Watt auf 8 Watt, halbiert sich also nahezu. Auffallend ist, daß die Taktrate deshalb aber nicht ebenfalls halbiert werden muß, sondern wie erwähnt lediglich von 600 MHz auf 450 MHz sinkt, also nur um rund 25 Prozent, was zu einem geringerem Stromverbrauch und damit zur Verlängerung der Zeit bis zur Erschöpfung der Batteriekapazität führt . Anders als im Zustand der „maximalen Leistung", in der der Prozessor mit voller Taktfrequenz und der normalen Core-Spannung von 1,6 V arbeitet, schaltet der Prozessor im „batterieoptimierten Modus", der automatisch im Akkubetrieb aktiviert wird, auf eine geringere Takt-

---

[14] vgl. Internet: (_www.toshiba.de/computer/tnt/speedstep.htm_) Toshiba, Deutschland

frequenz zurück. Der Spielraum hierfür beträgt 150 MHz. Gleichzeitig wird die Core-Spannung von 1,6 Volt auf 1,35 Volt reduziert.

Die SpeedStep-Technik reduziert die Verlustleistung des Prozessors in diesem Zustand beträchtlich: Nach Intels Angaben sinkt die durchschnittliche Leistungsaufnahme der 650 MHz CPU von 14,4 auf 7,9 Watt. Im 500-MHz-Betrieb liegt die Leistungsaufnahme der SpeedStepProzessoren damit fast drei Watt unter dem des Mobile Pentium III 500. Ursache ist die niedrigere Core-Spannung von 1,35 Volt (*SpeedStep*) gegenüber den 1,6 Volt des PIII-500. Wenig überraschend hat Intel mit den SpeedStep-Prozessoren noch eine Low-Power-Version des Pentium III 500 vorgestellt, die ebenfalls mit 1,35 Volt Core-Spannung versorgt wird. Die Taktfrequenz von 500 MHz ist dagegen fest[15]. Nach Ablauf einer gewissen Zeitspanne, in der der Prozessor nicht genutzt wird, beginnt die „**Quick-Start-Phase**", in der die

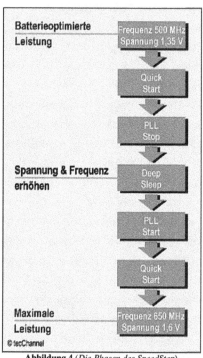

Abbildung 4 (*Die Phasen des SpeedStep*),
Quelle: www.tecchanel.de

Leistung des CPUs auf 650 mWatt reduziert wird. Auch hier kann man den größten Teil der Funktionen des Prozessors zurückgreifen, bei dem lediglich die PLL gestoppt wurde. Damit ist der interne Takt deaktiviert und der Prozessor reagiert nur noch auf die drei Signale: STPCLK#, RESET# und BPRI#[16]. Erst hierauf folgt der „**DeepSleep-Modus**", der den Systemtakt zum Prozessor deaktiviert und das Gerät damit in den „Suspend to RAM"-Modus versetzt. In diesem Zustand ist der Energieverbrauch auf 150 mW reduziert. Ein Ausleiten des Modus ist nur durch das erneute Anlegen des Systemtakts möglich. Im „DeepSleep-Modus" wird die Core-Spannung

---

[15] vgl. Internet: (*www.tecchannel.de/cgi-bin/printarticle/printarticle.pl?id=hardware/216*)
[16] vgl. Internet: (*www.tecchannel.de/hardware/216/1.html*)

des Prozessors und die PLL auf die zu generierende Frequenz eingestellt. Nach Anlegen des Systemtakts läuft der Prozessor intern dann mit der neuen Frequenz und wird mit der geänderten Spannung versorgt. Abbildung vier verdeutlicht die Phasen anhand eines möglichen zeitlichen Verlaufs.

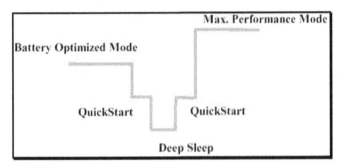

Abbildung 5 (*Intel SpeedStep - die Phasen*), Quelle: www.intel.com

Neuerungen in diesem Gebiet bietet der neue 1 GHz Pentium-III Prozessor, der mit Hilfe des „**Clock-Gating**" eine Technologie zur Regulierung der Spannung bietet. Bestimmte Bereiche des Prozessors werden abgeschaltet, wenn sie nicht benötigt werden, was den Stromverbrauch verringert[17]. Mit Hilfe dieser Technik reduziert man den durchschnittlichen Stromverbrauch des Gerätes im „batterieoptimierten Modus" auf unter zwei Watt.

3.3 „PowerNow!" von AMD[18]

Die AMD „PowerNow!" Technologie ist eine Kombination aus Soft- und Hardware, die es dem Prozessor ermöglicht, mit unterschiedlichen Taktfrequenzen und Spannungen zu arbeiten. Beides kann das Verfahren automatisch ohne Neustart regeln, manuelle Eingriffsmöglichkeiten bietet PowerNow! ebenfalls. Die erste CPU mit dieser Technik ist der »K6-2+«. Die Akku-Laufzeit soll sich mit „PowerNow!" um bis zu 30 Prozent verlängern. „PowerNow!" kann jetzt die Spannung und den Takt des Prozessors im laufenden Betrieb in bis zu 32 Stufen regeln und somit Strom sparen, wenn nicht die volle Leistung des Systems benötigt wird. Damit unterscheidet es

---

[17] vgl. Internet: (*www.hartware.net/press.html?id=157*)
[18] Vgl. Internet: (*www.amd.com/germany/pressespiegel/tecchanel.html*)

sich von Intels SpeedStep-Technologie ganz wesentlich: SpeedStep kennt nur zwei Zustände für Spannung und Takt. Diese sind außerdem von Intel fest vorgegeben. Bei einem mobilen Pentium III mit 650 MHz (1,6 Volt) kann beispielsweise der Takt auf 500 MHz bei 1,35 Volt verringert werden. „PowerNow!" dagegen kann Takt und Spannung dynamisch je nach Auslastung des Systems reduzieren. Dies bedingt eigene Treiber für jedes Betriebssystem, da die AMD-Software die Auslastung des Rechners messen muß. Über ein kleines Programm kann der Anwender die Stufen fest einstellen, und beispielsweise zum Schreiben eines Textes die CPU dauerhaft nur mit 200 MHz zu betreiben. In der neuesten Version des AMD Athlon 1 GHz benötigt der Prozessor nur noch 1,4Volt Core-Spannung, was eine Verringerung des Stromverbrauchs um 20 % gegenüber dem Vorgängermodell (*Thunderbird mit 1,75 Volt*) bedeutet. Die AMD „PowerNow!"-Technologie läßt sich in drei grundlegende Betriebsmodi unterteilen[19]:

- **Automatik-Modus**

  das System überwacht die Auslastung der CPU durch die verschiedenen Anwendungen und passt kontinuierlich Taktfrequenz und Spannung an. Damit wird die Prozessorleistung dann zur Verfügung gestellt, wenn der Anwender sie benötigt. Gleichzeitig wird dadurch die Batterielebensdauer verlängert.

- **Leistungs-Modus**

  die CPU läuft mit maximaler Taktfrequenz und Spannung.

- **Batteriespar-Modus**

  die CPU läuft mit der niedrigsten Taktfrequenz und Spannung, um die Lebensdauer der Batterie zu maximieren.

4. Fazit

Es bleibt abzuwarten, inwieweit die Industrie und die Politik die Umweltprobleme, die im Zusammenhang mit der Nutzung von PCs und deren Peripherie in den nächsten Jahren in den Griff bekommen wollen. Besonders die Entsorgungsproblematik bedarf hierbei verstärkten Augenmerk, da die „Technisierung" der Gesellschaft unaufhaltsam voranschreitet und einen immer größer werdenden Elektronik-Müllberg hinterläßt. Aber auch das Energieverhalten der Geräte sollte dabei nicht außer Acht gelassen werden. Immer längere Nutzungszeiten und die höhere Anzahl

[19] Vgl. Internet: (*www.hartware.net/press.html?id=89*)

gelassen werden. Immer längere Nutzungszeiten und die höhere Anzahl an Arbeits-
platzrechnern macht in der Gesamtheit einen erheblichen Teil des Stromverbrauchs
aus. Technologien wie „Stand-by-Modi", Intels SpeedStep oder die PowerNow!-
Funktion von AMD deuten dabei schon in die richtige Richtung. Es bleibt zu hoffen,
daß ein Umdenkprozess nicht nur bei Politikern und in der Wirtschaft stattfindet,
denn nicht diese Personenkreise nutzen hauptsächlich den PC - es sind wir, die
Verbraucher.

Literaturverzeichnis

Quellen:
-   c't 12/2001, "Hightech-Schrotthandel", Angela Meyer, S. 88
-   Recycling von Elektro- und Elektronikschrott, Markus Schlögl, 08/1995
-   Umfrage der Verbraucher-Zentrale NRW bei Herstellern und großen
    Anbietern 6/1999, ergänzt 9/1999
-   Produktanforderungen, Zeichenanwender und Produkte, Ausgabe März 2000,
    (deutsches Institut f. Gütersicherung und Kennzeichnung e.V.)
-   US EPA (Hg.): Energy Star Office Equipment Programm. Computer and
    Monitor Specifications, Ausgabe 12/97

Internet:
-   www.oekoline.net/pcstudie/computer220800.htm
-   www.worldwatch.org/pubs/paper/115.html von John E. Young
-   www.oekoline.net/pcstudie/computer220800.htm
-   www.toshiba.de/computer/tnt/speedstep.htm
-   www.intel.com/deutsch/mobile/technology/management.htm
-   www.tecchannel.de/hardware/216/1.html
-   www.tecchannel.de/cgi-bin/printarticle/printarticle.pl?id=hardware/216
-   www.amd.com/germany/pressespiegel/tecchanel.html
-   www.hartware.net/press.html?id=89
-   www.hartware.net/press.html?id=157
-   www.sozialnetz-hessen.de/ergo-online/Arbeitsplatz/Hardware/TCO-99.htm
-   www.sozialnetz-hessen.de/ergoonline/Arbeitsplatz/Hardware/G_Drucker.htm
-   www.sozialnetz-hessen.de/ergo-online/Arbeitsplatz/Hardware/G_Pruef-s.htm

Glossar

BIOS

Abkürzung für **B**asic **I**nput **O**utput **S**ystem, Oberbegriff für eine Gruppe von kleinen Programmen im ROM, die beim Booten eines PCs Selbsttests durchführen und die CPU mit dem Speicher, Drucker, Festplatte, Tastatur, Maus und weiteren Peripheriegeräten zur Ein- und Ausgabe verbinden. Eine wichtige Funktion dabei ist das Ausführen des POST. Wird dieser Test erfolgreich durchgeführt, dann lädt das BIOS anschließend das auf dem PC installierte Betriebssystem in den Arbeitsspeicher und startet es, d.h., das BIOS ist nicht Bestandteil des Betriebssystems. Daher kann das BIOS eines bestimmten Herstellers mit verschiedenen Betriebssystemen zusammenarbeiten und diese laden.Üblicherweise ist das BIOS in einem eigenen, speziellen Speicherstein des ROM untergebracht. In neueren PCs handelt es sich um ein Flash-ROM

BPRI#

Bus **Pri**ority Request. Signal dient zur Bus-Anforderung. Solange dieses Signal aktiv ist, nimmt der Prozessor keine neuen Anfragen an. Mit der Deaktivierung des BPRI-Signals wird der Bus wieder freigegeben

Chipsatz

Ansammlung von Mikrochips, die u.a. den Datenfluß zwischen der Zentraleinheit und der Peripherie steuern

Core

Bezeichnung für den Teil des Hauptspeichers, in dem Teile des Betriebssystems während des Computerbetriebs liegen

CPU

Abkürzung für **C**entral **P**rocessing **U**nit. Auch Zentraleinheit genannt. Bezeichnung für die zentrale Einheit eines Rechensystems, das wiederum aus den funktionellen Einheiten Steuerwerk, Leitwerk, Rechenwerk und Hauptspeicher besteht. Die Konzepte heutiger CPUs basieren auf den Ideen der von-Neumann-Architektur

Flammschutzmittel

Chemische Zusätze zu Kunststoffen, die diese im Falle eines Brandes widerstandsfähiger machen sollen

Fluorchlorkohlenwasserstoffe (*FCKW*)

sind in den Computern oder Geräten selbst nicht enthalten. Bei der Produktion wird
FCKW nicht mehr verwandt, aber CKW dient weiterhin zur Photostrukturierung von
Leiterplatten und als Be- und Entfettungsmittel in der Metallbearbeitung

Halogen

chemischer Grundstoff, der ohne Beteiligung von Sauerstoff mit Metallen Salze bildet; Salzbildner (*z. B. Brom, Chlor*)

LED

Abkürzung für **L**ight **E**mitting **D**iode, Leuchtdiode, Lumineszenzdiode. Eine Halb-
leiterdiode (*elektrooptischer Wandler*), die Licht eines klar definierten Spektrums
erzeugt. Verwendet in Anzeigen aller Art und der Glasfasertechnik. Eine LED verbraucht weniger Strom als eine normale Glühlampe vergleichbarer Leistung, aber
mehr als LCDs. Ihr Vorteil ist die geringe Abmessung und ihre fast beliebige
Formbarkeit.

Ozon

eine bestimmte Form des Sauerstoffs darstellendes (*in hoher Konzentration tiefblau-
es*) Gas mit charakteristischem Geruch, das sich in der Luft bei Einwirkung energie-
reicher Strahlung od. bei elektrischen Entladungen bildet

Polymere
Zusammenschluss vieler gleicher u. gleichartiger Moleküle zu großen Molekülen in
einer chemischen Verbindung

PLL
Phase **L**ocked **L**oop. Elektronische Schaltung, die durch Flankentriggerung eines
externen Taktes ein Taktsignal mit einer vielfachen Frequenz liefert. Die Phasenver-
schiebung zum Eingangssignal bleibt konstant

PVC (*Polyvinylchlorid*)
fällt im Elektro(*nik*)bereich z.B. in Gehäusen, als Ummantelung von elektrischen
Kabeln, Isolationsüberzügen von Transformatoren, oder als Schallplatten an. Nur
sortenrein gesammelt kann es wiederverwertet werden. Kritiker bemängeln, daß

beim PVC-Herstellungs- wie Recyclingprozeß Stabilisierungsstoffe wie das problematische Blei und Kadmium eingesetzt werden müssen. Konsequente Trennung ist
bei der Vielzahl der PVC-Produkte welche im Hausmüll landen jedoch kaum möglich. Bei der Müllverbrennung liefern PVC-Abfälle rund die Hälfte der des proble-
matischen Chlors, daß für die Entstehung der aggressiven Salzsäuregase und für die
Bildung von hochgiftigen Dioxinen verantwortlich ist. Außerdem geht ein Großteil
der Schwermetalle in den Abgasen der Müllverbrennung auf das Konto von PVC.
Auch in Deponien verhält sich dieser Massenkunststoff nicht umweltneutral. Alter-
nativstoffe zu PVC sind u.a. Polycarbonate (*PC*), ABS, ein Gemisch aus beiden
(*PC/ABS-Blend*) oder Metall. Für Kabelummantelungen ist inzwischen mit Polyethy-
len ein Ersatz auf dem Markt

RAM

Abkürzung für Random Access Memory, Schreib-Lese-Speicher. Ein flüchtiger
Speicher (heute auf Halbleiterbasis, bis Anfang der 70er Jahre: Magnetkernspeicher)
mit wahl-freiem Zugriff, auf den zum Schreiben und Lesen zugegriffen werden kann.
Daten im RAM werden im Gegensatz zu denen im ROM durch Ausschalten des
Rechners (Unterbrechen der Stromversorgung) oder durch Booten (Reset) gelöscht

RESET#

Setzt den Prozessor in den Ausgangszustand zurück. Der Inhalt des L1- und L2-
Cache wird gelöscht.

STPCLK#

Stop-Clock-Signal. Dient zum Anhalten der internen Taktung des Prozessors. Bei
Deaktivierung des Signals wird der interne Taktgenerator wieder gestartet

WOL (*Wake on LAN*):

Eine Funktion moderner Motherboards, die ein „Aufwachen" des Systems aus dem
Sleep Mode ermöglicht. Sobald eine bestimmte IP-Adresse (-> wird auf der Netzwerkkarte gespeichert) im Netz angerufen wird, so sendet die Netzwerkkarte ein
Signal an das Motherboard, daß den Sleep Mode beendet und das System selbststän-
dig reaktiviert. Ankommende Datenpakete können nun empfangen werden. Hierfür
ist jedoch eine Verbindung zwischen Karte und dem Mainboard nötig. Der PC muß
die ATX-Spezifikation erfüllen und verbraucht in diesem Zustand abhängig vom
Hersteller einen „Stand-by-Strom" von ca. 600mA

<u>WOM (Wake on Modem):</u>

Ähnlich wie die bereits beschriebene WOR-Funktion, ermöglicht das Wake on Modem einen Ruhezustand des Systems, der nur durch einen eingehenden Anruf auf die Leitung des Modems beendet wird. Sobald das System reaktiviert wurde, können z.B. Anrufbeantworter-Funktionen genutzt werden, eingehende Faxe gespeichert werden oder es werden Datenübertragungen gestartet